AF331735

RÉPONSE

D'UN HABITANT DE LA RIVE DROITE

A UN MÉMOIRE AU ROI,

sur

LE DÉPLACEMENT DE PARIS.

1845.

RÉPONSE

D'UN HABITANT DE LA RIVE DROITE

A UN MÉMOIRE AU ROI,

SUR

LE DÉPLACEMENT DE PARIS (1).

Il est des économistes intrépides qui, à la vue d'un
de ces mouvements de population qu'en tous temps
et en tous pays l'on a pu remarquer dans les grandes villes, s'écrient que Paris se déplace, que Paris
s'élance des flancs septentrionaux de la vallée, pour
entreprendre une marche indéfinie vers la Seine,
par delà les hauteurs de Montmartre; à les entendre, il faudrait que toutes les forces municipales
s'employassent à arrêter ce mouvement, que les
édiles concentrassent toute leur tendresse sur le
quartier des Bernardins! Ce sont ces mêmes gens
qui ont inventé la dénomination de *rive gauche* par
opposition à la *rive droite* de la ville, qui représen-

(1) Le journal qui a publié le fameux *Mémoire au roi*, ayant
refusé d'insérer cette réponse, l'auteur l'a fait tirer à 20,000
exemplaires et distribuer aux principaux habitants de Paris.

tent le côté méridional de la Seine comme une nouvelle Irlande et qui s'apprêtent, si on ne les écoute, à demander le rappel de l'union municipale. C'est à leurs clameurs, secondées par une erreur déplorable des pouvoirs, que l'on doit deux énormes fautes qui, heureusement, sont restées deux leçons éloquentes, la création d'un second chemin de fer de Versailles aujourd'hui agonisant, et d'un second entrepôt qui est mort, bien mort.

Il y avait quelque temps déjà que nous n'avions entendu parler du déplacement de Paris. Après s'être exhalé dans plusieurs écrits passablement longs, après avoir obtenu les honneurs d'une commission ministérielle où l'on n'a su que faire, le déplacement de Paris rendait le dernier soupir, mais voilà que le moribond se redresse dans un accès de fièvre chaude et qu'il en appelle aux Tuileries de l'indifférence de l'hôtel de ville et de l'inaction de la rue de Grenelle.

Si le roi le savait! s'est dit l'auteur de l'idée du déplacement de Paris; et là-dessus, il a repris sa bonne plume et s'est mis à écrire un *Mémoire au roi* que tout Parisien voudra lire. Savez-vous ce que cet estimable et patient écrivain imagine aujourd'hui pour arrêter le déplacement de la ville? Une chose très-simple : déplacer les halles de Philippe-Auguste, les halles qui approvisionnent tout Paris, pour les installer, devinez où? Par delà deux fois la Seine, entre le quai Saint-Bernard et la rue Saint-Victor.

Vous voyez que les adversaires du déplacement de
Paris sont passés maîtres en la matière et qu'ils n'y
vont point de main morte, lorsqu'ils se mêlent eux-
mêmes de déplacer quelque chose. Si la rive gauche
n'est pas satisfaite de cette idée-là, elle sera, mor-
bleu, fort exigeante : prendre son ennemi par les
cheveux n'est rien ; mais le prendre par la famine,
c'est l'avoir vaincu. Que deviendra la rive droite,
je vous le demande, lorsque le panais et la carotte,
sa sœur, auront fui ses bords fortunés, lorsque le
blanc chou-fleur et l'artichaut majestueux auront
franchi la Seine ? Bienheureuse rive gauche ! je vois
déjà tes futures splendeurs ; je vois la rive droite
passer sous ta porte victorieuse et crever de dépit de
ne pouvoir mettre le pot-au-feu sans ta permission.
Ton sort pourtant est déjà beau. Ne sommes-nous
pas, nous autres habitants de la rive droite, tes
tributaires de chaque jour ? Dès que nos enfants
commencent à manier le cerceau et le bilboquet, ils
foulent tes chemins. Ils vont voir, chez toi, marcher
la girafe et gambader les singes, à travers la cage
élégante que ces hôtes légers doivent à la munifi-
cence de M. Thiers. Plus tard, ils vont peupler tes
colléges : puis, incessamment, ils frappent à la porte
de tes écoles où se pressent autour des chaires de tes
facultés. Si tu vis de nourrir leur intelligence, le
négoce enrichit aussi ton escarcelle. Quand nous
voulons garnir nos caves de fûts nouveaux ou remplir nos flacons de vieux cognac, ne faut-il pas que

nous allions vers toi ? Qui imprime et vend tous ces livres qui forment nos bibliothèques ; qui fabrique les cuirs de ces bottes vernies avec lesquelles nous foulons, chaque soir, l'asphalte de nos boulevards ; qui nous donne ces coursiers plus ou moins fougueux qui trainent le haquet, la charrette ou la demi-fortune ; ces baudets qui nous délassent au bois de Boulogne ou qui nous apportent les produits de la banlieue; ces sémillants roquets et ces criards bouledogues qui jappent sur nos seuils et appréhendent quelquefois la partie essentielle de nos culottes ; n'est-ce pas toi ? C'est toi encore qui étales sur les tablettes de nos fruitiers la pomme et le chasselas, qui envoies sur nos tables la fine volaille et le succulent gibier, qui suspends à l'étal de nos bouchers le veau appétissant. Tu ornes nos balcons de fleurs nouvelles ; nous allons te demander ces arbres qui font l'orgueil de nos jardins. N'est-ce donc pas assez ? Et tu possèdes encore la tête du plus grand chemin de fer de France, du chemin d'Orléans, de Lyon, de Marseille, de tout le Midi ; tu tiens dans ta main l'Institut, les cours et les tribunaux, les deux chambres, la cour des comptes, les Invalides, presque tous les hôpitaux, quatre ministères, et tu as le monopole du puits de Grenelle!

Tout cela pourtant ne suffit pas à l'auteur du *Mémoire au roi*. Il lui faut pour la rive gauche la clef de l'approvisionnement ; il lui faut, pour communiquer à sa chère rive cette vie exubérante qui fait incessamment l'objet de ses rêves, ce concours forcé qu'amènent la vente et l'achat des choses de première nécessité. S'il était permis de faire entendre un langage sérieux et froid à des oreilles passionnées outre mesure, on répondrait ceci à ces athlètes persévérants qui soutiennent que Paris quitte la vallée qui fut son berceau : ce n'est pas le hasard qui a placé les halles dans un lieu qui est aujourd'hui encore le centre de la grande ville; la raison et les besoins ont maintenu, jusqu'à présent, les halles dans leur emplacement primitif. A l'heure où nous parlons, les halles sont un milieu où, par une course à peu près égale, les habitants des divers quartiers de la ville viennent puiser, soit pour l'alimentation directe des familles ou des maisons d'industrie culinaire, soit pour l'approvisionnement des marchés de détail disséminés dans toute l'étendue de Paris, et cet état de choses, qui est le plus naturel comme le plus raisonnable, ne saurait trouver de contradicteurs sérieux. Il est impossible de penser à faire, d'établissements aussi importants et aussi nécessaires que les halles, des instruments de déplacement pour les populations; elles ne peuvent être un appât, pour faire aller, çà et là, le comptoir du marchand, l'habitation du citoyen. Abd-el-Kader peut dire aux tribus soumises à sa domination : « Pliez vos tentes; il me plaît de vous installer sur un autre point de la plaine. » Mais ce procédé ne peut être de mise, en Europe, à Paris, dans la capitale d'un État où fleurit

la liberté. Là il existe des droits de cité; là il y a une administration qui prête l'oreille aux vœux légitimes et aux besoins réels, qui ne doit être guidée, dans ce qu'elle entreprend, que par le bien de tous, et non par les clameurs de quelques-uns. C'est un danger des institutions représentatives de laisser à l'individu une latitude grande dans laquelle il s'exalte et se développe jusqu'à l'abus. L'individu se joint à l'individu, de là le quartier; celui-ci a des représentants légaux qui, de bonne foi ou par des motifs trop souvent personnels, défendent, sous couleur d'intérêt général et contre le bien du plus grand nombre, l'intérêt de l'immeuble, et l'intérêt de la boutique, deux intérêts fort respectables sans doute dans une certaine limite, mais qui sont avides, comme tous les intérêts individuels, et ne doivent être écoutés qu'avec beaucoup de réserve.

Pour en revenir aux halles, je prie messieurs les économistes de la rive gauche de considérer la marche de l'arrivage des approvisionnements qui remplissent chaque matin les halles. D'où vient la matière de l'approvisionnement, si ce n'est du nord et de l'ouest? Par quelles barrières entrent chaque matin les 20 voitures de poissons de mer, les 12 ou 15 chargements d'huitres qui arrivent à Paris pendant 8 mois de l'année, les 140,000 voitures, les innombrables bêtes de somme qui apportent aux halles les fruits, les légumes et les pommes de terre? D'où nous viennent les 100 millions d'œufs qui, du

1er janvier au 31 décembre, se comptent sur le marché central, les 5 millions de kilogrammes de beurre, les 220,000 douzaines de fromages de Brie et de Neufchâtel que nous consommons? Tout ou presque tout arrive de l'ouest et du nord. Il faudra donc, si votre rêve se réalise, que ces grands convois traversent toute la ville, à l'aller et au retour, en passant par l'emplacement actuel des halles, pour venir faire queue au Pont-Neuf, au pont au Change et au pont Notre-Dame, car je ne compte pour rien les ponts à péage qui ouvrent des communications supplémentaires entre les deux parties de la ville, imaginant que ces communications, que vous considérez comme des obstacles pour les piétons qui viennent de rive droite en rive gauche, ne seront pas devenues des débouchés commodes pour les lourds et nombreux chargements qui afflueraient à la nouvelle halle. Il faudra aussi que la majorité de la population se déplace au profit d'un quartier, et que la rive droite visite incessamment la rive gauche pour son approvisionnement journalier. Cela, sans doute, pourra distraire et réjouir le propriétaire oisif du quartier des Bernardins et de l'île Saint-Louis, et faire produire à ses vieilles bâtisses quelques sous de plus: mais la chose ne sera ni juste ni convenable, et je doute qu'elle soit du goût de l'habitant des quartiers septentrionaux de la ville.

Il est vrai que la question est présentée par les partisans du déplacement des halles, sous le point de vue de l'intérêt de la rive droite elle-même; selon eux, la translation des halles serait, pour le 4ᵉ arrondissement et le centre de Paris, le signal d'une complète rénovation; aux rues étroites succéderaient les larges rues; des hôtels somptueux s'élèveraient à la place des maisons délabrées, et la voiture aux élégantes armoiries sillonnerait incessamment le quartier des halles devenu le séjour de l'aristocratie financière et le théâtre des plus belles manières. Mais le citadin du 4ᵉ arrondissement ne mord pas à cet hameçon-là; il ne consent pas à jouer le rôle du corbeau de la Fontaine et il se met en défiance contre le renard de la rive gauche dont il aperçoit aisément la queue. Il préfère ses maisons à l'aspect modeste et sombre qui lui donnent un revenu de 5 p. 0/0, à ces hôtels problématiques qu'on lui fait entrevoir dans l'avenir. Il sait d'ailleurs que ce ne sont pas les équipages et les livrées qui font la prospérité des villes, mais cet ensemble de mouvement qui se produit dans une grande agglomération d'individus, depuis l'ouvrier jusqu'au propriétaire, depuis le commissionnaire jusqu'à l'homme à blason. Les économistes de la rive gauche peuvent avoir encore foi dans les grands seigneurs pour assurer le bien-être général; ils peuvent, par exemple, croire à l'efficacité d'une loi somptuaire, et penser qu'un impôt sur les carrosses et sur les chiens suffirait pour remplir les caisses de l'État; mais c'est là une doctrine dont il faut encore leur laisser le mono-

pole et qui ne saurait avoir succès parmi les gens sérieux.

Dans l'opinion de ceux qui conseillent le déplacement des halles, ce n'est pas seulement l'intérêt du
centre de Paris qui se trouverait satisfait dans leur
hypothèse chérie; ils justifient le déplacement par
des considérations d'un ordre très-élevé et que per-
sonne n'avait aperçues avant eux; ils craignent de
voir se rompre *le faisceau de la ville*; ils redoutent,
pour l'octroi, les embarras les plus graves, le jour
où quelque partie de la circonférence renfermée dans
l'enceinte serait plus éloignée que les autres parties,
du centre de la cité. Mais on peut dire que ce sont là
des craintes à perte de vue; chaque quartier est
encore à sa place, et je n'aperçois de toutes parts
qu'unité, qu'homogénéité; bien plus, si je me tourne
du côté de la rive droite elle-même, je la trouve
encore, sur quelques points, séparée du mur d'enceinte par de véritables plaines; ce qui prouve que,
si elle s'apprête à escalader les buttes Montmartre,
elle procède avec une sage lenteur. Quant à l'octroi,
tout malin et perspicace que soit le bon homme, il
n'a, pour le moment, que je sache, nul souci des
malheurs qu'on lui prédit d'une manière si imprévue;
je le vois d'ici se dresser dans son uniforme et dire
d'un air capable à l'auteur du *Mémoire au roi :*
« Mais, monsieur, toutes les villes d'octroi ne sont
« point rondes comme des assiettes; une bonne en-
« ceinte avec chemins intérieurs et extérieurs suffi-

« samment larges, deux bons yeux dans un habit
« vert, voilà ce qui constitue un bon octroi. »

Il faut enfin le dire aux économistes de la rive
gauche : Paris ne se déplace pas (1); ceux qui
prétendent qu'il se déplace se prennent à une illu-
sion; ils croient voir un incendie à l'horizon; c'est
le soleil qui se couche dans la mer. On ne peut pré-
tendre condamner ainsi à l'immobilité, comme ils le
voudraient, les grandes agglomérations d'individus.
Paris s'est-il donc déplacé quand les familles titrées
ont quitté la place Royale et le Marais pour venir se
fixer au faubourg Saint-Germain? Paris s'est-il déplacé quand la rue Quincampoix a cessé d'être le Pa-
lais-Royal d'autrefois? s'est-il déplacé quand le Palais-
Royal d'il y a trente ans a vu son éclat baisser et
se perdre jusqu'au boulevard par la rue Vivienne?
Non; il n'y a eu là que de ces mouvements qui se pro-
duisent partout dans les grandes cités lorsqu'il s'y ma-
nifeste de rapides augmentations dans la population.
Une ville ne compte pas 140,000 habitants de plus,
en moins de dix années, sans que quelques-unes de ses
parties ne s'accroissent d'une manière rapide et qui
surprend au premier abord.

(1) Le recensement de 1841 a constaté une augmentation
de population de 60,000 âmes , à laquelle, si nous sommes
bien informés, le 10ᵉ arrondissement a contribué pour 6,000
habitants, le 11ᵉ arrondissement pour 2,000 et le 12ᵉ arrondissement pour 8,000.

Non, il faut le répéter, Paris ne se déplace pas; et la rive gauche, cette victime que l'on nous représente ornée déjà de bandelettes et sur le point d'être immolée à la rive droite, se porte fort bien et ne dépérit nullement. De quel droit, d'ailleurs, invoquerait-on la nécessité d'un équilibre qui n'existe dans aucune ville importante, qui n'a jamais existé à Paris entre la rive droite et la gauche de la Seine? Je sais qu'il est des gens à qui le spectacle de la prospérité voisine donne des vertiges, que le propriétaire de l'île Saint-Louis et du quartier Saint-Victor regarde avec des yeux jaloux le propriétaire du quartier Saint-Georges; mais, lorsqu'on transférerait les halles de l'autre côté de la Seine, lorsqu'on installerait la bourse à l'entrepôt et Notre Dame de Lorette à Saint-Severin, la face de la rive gauche ne serait pas changée et la valeur locative n'y serait pas augmentée sensiblement, car la population ressemble à un fleuve; elle ne reste pas où on la campe, elle va où est sa pente et nulle digue ne peut arrêter son cours: et quand même d'ailleurs, je le suppose un instant, Paris tendrait à se déplacer, ne devrions-nous pas être rassurés par les fortifications qui forment, aujourd'hui, à très-peu de distance de l'enceinte actuelle, une ceinture contre laquelle la ville n'ira pas volontiers serrer ses flancs?

Sans doute les hommes d'État qui, en 1840, ont décidé les fortifications de Paris ne songeaient pas à arrêter les développements excentriques de la ville, et cependant quel ouvrage serait plus capable de contenir la population dans son lit actuel, aux yeux de ceux qui pensent que des moyens administratifs suffisent pour parer à un déplacement qui se manifesterait? La question, si elle existait, serait ainsi jugée depuis trois ans, et l'auteur du *Mémoire au roi* trouverait sa réponse sur les remparts de l'enceinte continue où je l'envoie se promener.

Qu'on cesse donc de pleurer sur les destins de la rive gauche; car, à force d'entendre dire qu'elle est malade, cette pauvre rive le croirait.

Un habitant de la rive droite.

9 782016 125083